그 언덕의 여름, 바깥의 저녁

그 언덕의 여름, 바깥의 저녁

박성현 시집

청색종이

시인의 말

나는,
재 속에 감춰졌던 숯을 꺼냈다
다시 불이 타올랐다

불의 입속으로 뚜벅뚜벅 걸어갔다

박성현

차례

그 언덕의 여름, 바깥의 저녁

박성현 시집

005   시인의 말

I

013   저수지
014   대나무 사이 옛집
015   게발선인장
016   생강
017   외투
018   몸살
019   지금과 그때의 빛
022   측백나무가 있는 정면
024   은빛 지느러미를 향해
026   그 남자의 옆얼굴
028   저 숲으로 나는
030   재와 노트
032   물고기 나무
034   파안(破顔)의 너머

035 　일곱 번째 숲에서 온

II

039 　한밤
040 　새의 입장
042 　밤의 눈
043 　나는 나의 부정어
044 　당신을 걷는다
045 　그곳이 어디든 너무 멀리 가지 않기를
046 　나의 모든 천국
049 　헝겊 인형
050 　봄이 지나갔다
052 　햇빛이 자란다
054 　내가 내 옆에 누운 후
056 　사라진
058 　내게서 멀고 가파른
060 　아랍 여자 외전(外傳)
062 　제8병동

III

067 　청첩
068 　식물, 들
069 　얼굴이 있던 자리
070 　혼자서 멀리

072 죽음이 다가오는 방식
073 누군가 앉아 있었다
074 이 그림에 없는 것은
075 카메라 줌인
076 다락방에서 한때
077 유령 사냥
081 약사
084 수염
086 사막에서 혼자
088 새와 구름 사이
089 새의 페루

IV

093 경주 · 1
094 경주 · 2
095 경주 · 3
096 경주 · 4
097 경주 · 5
098 조금 더 익숙하고 조금 덜 외로운
100 유월의 요구
102 모든 감각을 세우고
105 불의 뼈
106 납의 두건을 쓴
108 머무르다

110 슬픔조차 너무 먼

111 쓴맛

112 흰

113 새의 방향

해설

115 형상과 흐름 그리고 새와 당신 | 소종민(문학평론가)

I

물고기 나무

저수지

마르고
볕 좋은 날을 기다려
저수지로 향했다
비 오는 날이 많아
잡초만 앙상하니 길쭉했다
야트막한 밭담에 듬성듬성 뚫린 구멍
빈 곳마다 눌어붙은 바람의 무리
먼 길이 아닌데 자꾸 몸살이 왔다
양지바른 곳에 앉아 쉬었다
쉬면서,
겨울에 집에 두고 온 사진 몇 장을 생각했다
북쪽에서 박하 향의 은근한
빛이 자박거렸다
저녁 쓰르라미가 잠깐 울다 갔다

대나무 사이 옛집

들창에 비가 들이쳤다
북쪽으로 휘어진 회랑이 젖었다
야트막한 물이 고였다
촛불에 어른거리는 물고기 한 마리
지느러미가 흐느적거렸다
미닫이가 열리고 밤이 들어왔다
걸음에서 쇳내가 났다
밤새 비가 내렸다
옛집이 고인 물속에서 흔들렸다
녹조로 덮인 지붕에서 검정과 초록이 번졌다
회랑 한쪽 탁자에 우묵한 젓대
미지근한 바람이 앉아
대나무 속 남은 소리를 밀어냈다
바깥을 보며 비가 그치기를 기다렸다
옛집이 뚝뚝 떨어졌다
옛집이 희미해졌다

게발선인장

 십 년 넘게 같이 산 게발선인장이 시들었다 상강이 지났을 뿐인데 겨울을 날 수 있을까 비료를 주고 담요를 잘라 화분을 감쌌지만 하루가 달랐다 이른 봄에는 붉은 꽃망울이 돋아오르다가 후드득 떨어졌다 사월을 넘길 때는 뼈만 앙상했다 좀 슬 듯 여기저기 구멍이 뚫렸다 장마가 올 무렵 흙을 갈고 바람과 볕이 드나드는 길을 새로 냈다 마른 진흙처럼 바스러지는 뿌리를 잘라내고 보니 계절이 머물러 쉬기에는 충분했다 볕이 잘 드는 베란다에 앉아 잠깐 졸았다 그새 이파리 몇 장이 돋았다 그 길이 낯설지 않도록 같이 밥을 먹고 자주 말을 건넸다

생강

 단내 나도록 생강을 씹었다 코끝을 시퍼렇게 물들이는 칼바람이 묻어 있었다 이번 고비만 넘으면 끝날 줄 알았는데 내 몸은 항상 난바다였다 숨을 내뱉는 것조차 멀고 가팔랐다 생강을 씹다 말고 쓴맛 저편에는 어느 계절이 흐르고 있을까, 생각했다 어쩌면 내 몸을 비켜서 봄이 다녀갔을지도 몰랐다 봄은 내 몸 근처에서 한가롭게 머물다 나를 잊은 채 길을 재촉했을 것이다 바람이 또 불어와 내 코를 움켜쥐었다 생강을 씹으면서 유월에는 허기졌으면 좋겠다고 생각했다 흰죽조차 넘기지 못하는 너무나 헐렁한 몸이 한껏 부풀린 욕심이었다 내게 없는 걸 갖고 싶은 마음도 죄일까 단내 나도록 생강을 씹으며 바람에게 고해라도 해야겠다

외투

　나는 내게 맞지 않는 외투를 훔친 죄로 숨 막히도록 허우적대는 것인지―외투는 숨고 위장하고 회피하기에 적당했다

　눈 속에 파묻힌 흰여우처럼 누군가의 허기를 먹으며 누군가의 죽음을 마시며 누군가의 욕망과 충동, 현실과 기억을 뒤섞으면서―그것이 내가 할 수 있는 유일한 노동

　들키면 더 큰 외투를 입으면 돼, 여유를 부리면서 외투는 커져갔다 외투가 외투 속으로 숨어들수록

　증오와 공포와 분노와 자기 연민도 내 몸에 수많은 식민지를 만들었다

　그러나 시간이 흐를수록 외투는 황혼의 카페테라스에 앉아 중얼거리는 것이다 작아지고 졸아들고

　마침내 한 점으로 사라질 외투 속의 또 다른 외투―그것이 전부인 줄 모르고

몸살

언덕을 오르는
식물이
몸살을 앓고 있다
마른기침이 잦을수록 종이처럼 얇아진 식물은
휘어진 채 들판에 눌렸다
저녁과 밤 사이 온몸을 텅텅 울리는
고래울음이 들려왔다
줄기를 타고 이파리까지 번지는 심해의
바늘 끝 피 맺힌 소리
속수무책으로 바람을 받으며
바람과 함께 한 무리로 살아가는
저 울음들이
식물을 짊어지고 바람을 오르고 있었다

지금과 그때의 빛

 붉은빛이 수면에 내려앉았다
 무게를 가진 빛은
 저수지 깊숙이 가라앉기 시작했다 바닥까지 내려갔을 때 모래 알갱이가 일제히 손을 뻗어
 그 빛을 밀어 올렸다
 중력에 저항하며 단번에 구름 위로 솟는
 명랑한 기분—철새가 떼 지어 날개를 펴고 한꺼번에 소실되는, 멀고 은은한 바람

*

 셔터를 누르기 전
 카메라 쪽으로 남자와 그의 정면이 걸어왔다
 이마에서 무릎까지 휘어진 불투명한 회색
 사각(死角)의 팽팽한 고립
 나를 호명하는 두 손에 얽힌 불쾌한 냄새와 온도 그리고 그 남자에게 빨려 들어가는

'지금'과 '그때'의
빛

                    *

창을 열면
사각을 유영하는 물결과
흐름이 차올랐다
나를 향한 남자는 기어코 그 빛의 방향을 말했다
이름 모를 건축사가 설계한
단풍나무 벽이 가파르게 흔들렸다

                    *

황혼과 섞이는,
그러나 절대 섞이지 않는 그 남자의
짙은 여백이
내게 옮겨오고 있었다

고립이 고립으로 끝나지 않는
고립이 고립으로 섞이지 않는

지금과 그때의
빛,

측백나무가 있는 정면

측백나무는 정면에서 멈췄다 암녹색 햇볕이 비스듬히 기울어 당신 왼쪽 어깨에서 팔꿈치를 타고 내려왔다 갑자기 측백나무는 당신의 정면에서 멈췄고 당신은 침묵과 고립을 벗어나 미세하게 갈라지기 시작했다

*

여기는 당신의 이야기일까? 그림을 멈추고
사제가 말한다
그때 당신이 멈춘 거야
뜨거운 바람을 몰고 온 사제의 냄새가 화폭에 가득했지
비릿한 질감과 형태가 머릿속을 헤집고 다니지만

    (외롭고
        웃기고 거칠고 지겨운
  고립과 침묵)

목탄을 쥔 채

사제는 당신에게 말했다
여기는 더 이상 내 이야기가 아니야,
외롭고 웃기고 거칠고 지겨운
아주 느린 움직임

정면이 노출된 측백나무의 암녹색 혀와
공중에 멈춰버린 비명

정오의 한가운데로 느닷없이 들어오는

은빛 지느러미를 향해

자정이 되자
숲에는
흰 바늘이 날아오르기 시작했다

영하의 대기조차 짓무른
끈적끈적한 밤, 저 빛의 무리는
팽팽하게 조율된
맑고 날카로운 소리를 냈다

숲은,
움트고 굽이치며 고요히 에두르는
백(白)의 포화(飽和),

뒤엉킨 울금(鬱金) 더미—바람에 머물고 바람을 타고 흘러가는 숲은 크고 넓고 깊은 소맷자락을 펄럭이며 녹의 융단이 뱉어내는 모질고 불편한 말들을 쓸어 담았다

그때 나는

숲의 은빛 지느러미를 걷고 있었다
내 몸에도
죽었거나 죽어가는 것들의 비명이 켜켜이 쌓이고 있지만
끈질기고 지루하게 폐색(閉塞)된 몸이지만

자정이 되면서
숲은 흑과 백의 모호한 배열을 찢어버리고
또 다른 색을 뽑아냈다

그것은 존재하려는 색의 의지
수만 년 전 동굴에 새겨진 색의 불가피한 본능

옮겨가면서 바람을 여는
바람 속으로 옮겨가는

그 남자의 옆얼굴

 침대에 누워 그 남자의 옆얼굴을 본다 흰 가운을 입은 사람들이 차트를 들고서 천천히, 일회용 컵처럼 누워 있는 그 남자를 지켜본다 베일에 가려진 그 남자의 옆얼굴은 복잡한 기계장치와 팽팽한 알코올 냄새와 움직임 없는 침대와 군데군데 무너진 침묵 사이의 우회할 수 없는 연대기가 얽혀 있다

 그 비좁은 시간 동안 흰 벽에 부자연스러운 무늬를 덧칠하는 그림자와 유연하게 흐느적거리는 링거의 호스, 엉겅퀴로 뒤덮인 천장, 양털 구름이 엉키며 육체에서 멀어지는 또 하나의 육체를 그 남자는

 아무런 희망도,
 의도와 목적도 없이 바라보는 것이다

 은빛 소금처럼 결빙된

*

그 남자의 옆얼굴에는 헤엄치는 자세로 얼어붙은 물고기가 박혀 있었다 심장 깊은 곳에서 덧창 닫는 소리가 들렸다 그 남자의 몸에 팽팽하게 당겨진 은빛 현에서 눈 녹은 물을 튕기는 소리가

 어제와
 아주 먼 오늘 사이에 퍼지고 있다

저 숲으로 나는

저 숲으로
크고 넓고 깊은 것들이 지나고 있다
초록의 짙은 어둠을 삼켜버리는
홀연한 그것은

초록과 검정의 어긋난 틈

울음만 남은 짐승의 거죽이었으며
제 속을 파먹은 벌레였거나
아가미가 굳어버린 진흙투성이 물고기
한 뿌리로 얽혀 출렁거리는
껍질째 썩어가는 느릅나무의 잘린 토막

서서히 고개를 드는
숲의 가볍고 환하고 부드러운 호흡과
밝은색, 깎아지른 절벽의
아찔한 자세 움직일 때마다 뒤바뀌는
숲의 파동과 입자,

그리하여 나는
태어나기 전부터 시작된 무한의 이야기에
나를 두고 오는 일만 남았다
내 몸을 지나는
유연한 입이 끝까지 나를 삼키도록

나의 기억과
말과 의미와 눈 녹은 물의 고요한 화성(和聲)과
중력을 기꺼이 두고 온다

아무런 희망도 없이
다만 번져가도록 저 숲으로 나는

재와 노트

 얼굴이 사라지고 공중에 표정만 남는다면 수면에 내려앉은 빛이 그 무게를 이기지 못해 호수 깊숙이 가라앉는다면 바닥에 닿았을 때 어둡고 서늘하며 부드러운 모래 알갱이가 빛을 밀어 올린다면 중력을 거스르며 단번에 구름 위로 솟아올라 날개를 편다면 가장 멀리 날아가서는 한꺼번에 소실된다면

 카메라 쪽으로 걸어오는 여자가
 '지금'과
 '그때'를 이어주는 가교라면

 당신의 모든 시간이
 박제된 시간까지도 하나의 시선에서
 갈라져 나온 것이라면

 모든 것이 힘과 지속에 관한 이야기라면,

 얼굴을 벗고

표정이 된다는 것은
'나'와,
모든 '나'의 옛날을 잇는다는 것

 기차의 쇠바퀴처럼 나의 의지로 나를 밀어내는 그 황홀한 풍경이 모든 감각을 집중해 빠르게 질주하는
 물결 속에서
 다시 또 어둠은 얼굴을 벗고

물고기 나무

물고기가 죽었다
모로 누워
깊이 잠에 든 모습이었다

인공 기포를 따라 흐르는
물길 이어받으며
연한 초록 이파리가 흔들렸다

물고기를 빈 화분에 옮겨 심었다
여물지 않은 흙더미에
강제로 이주한 것이지만 비늘이 녹으면서
갈퀴 모양의 잔뿌리가 생길 것이다

분갈이하듯
입원실로 몸을 옮겨 심는
나도 그러했다

화분에서 새어 나오는

은근한 빛이 한밤중의 거실을 비추었다
지느러미로 자박사박 흙을 밟는
낯선 기척이 들렸다

오늘은 이파리 세 개가 자랐다
레몬 모양의 잎은
가려운 듯 공중을 긁고 있었다

햇볕이 넓게 펴지자
물고기는 좀 더 남쪽으로 휘었다
따뜻한 방향이었다

파안(破顔)의 너머

문지방을 녹빛 애벌레가 기어올랐다
멀리로는 텃밭이나
가까이로는 화단에서 자란, 그곳이 세계의 전부인 느릅나무나 쑥부쟁이 그늘도 함께 옮겨 왔다
애써 예까지 발을 내딛었으니
기왕이면 충분히 놀다 가겠다는 듯 고개를 쳐들었다
호기심이 목숨줄을 끊을 수 있다는 생각이 치고 올라왔다 아무리 미물이라도 목숨값은 무량하다지만
잠자리까지 침투한 벌레의 사정을 봐줄 사람은 많지 않겠다
있던 자리로 옮겨놓으려고 종이를 꺼냈는데 애벌레는 문지방을 넘어서고 기어코 내게 오는 것이었다
새로 장만한 집을 보듯
그곳에 자기 냄새를 묻히려는 듯
허리를 힘껏 들어 올리면서 몸을 부풀렸다 옆구리에 돋은 줄무늬가 환히 웃는 모양이었다
문지방 너머에서
마냥 한가로운 여름 냄새가 났다

일곱 번째 숲에서 온

높은 곳,
끝없이 가야 하는
가장 먼 곳,

깊은 곳,
어둠과 빛이 동시에 스며들어
짐승들의 경계를 늦추는

곳,

신선한 정어리 냄새가
뒤덮인 곳, 볼 수 있고 만질 수 있는
볼 수도 만질 수도 없는 곳,

춤을 추는 지느러미의
가벼운 은색과 불투명한 청동색이
엉겨 있는 곳,

새가 숨어 새끼를 낳고
허물을 벗은 뱀과
풍뎅이가 서서히 말라가는 곳,

내가 아픈 곳, 내가
아팠던 곳, 녹이 피고 서리가 내린
곳, 두 개의 침묵과 피를 움켜쥔

그러나
일만 구천 년 전과 어제가
다르지 않는 곳,

풀숲에서 숨죽인 채로
소년이 걸어가는 곳, 황혼을 밟으며
소년만이 걸을 수 있는

오직 소년만이 걸어 나올 수 있는
그곳,

II

밤의 눈

한밤

나는
어디서 내 목소리를 들었을까
내 손에 닿은 한밤은
나의 어느 깊이에서 멈춘 것일까
흔들리면서 나는
흔들리지 않도록 나는
밤새 비틀거리고
뒤집히고
갈기갈기 찢어지던 나는
이제야 그물 없는 바닥에 가라앉는다고
심연에 버려졌다고 심연을
두고 왔다고

새의 입장

나는
인간의 막다른 골목 빛을 잃은
밤의 눈 아무것도
볼 수 없어 어둠에 스미는

나는
녹아내리는 빙하
범람하는 난바다 범람하는
영구동토

밤이 내려앉았을 때
비로소 산 자와 죽은 자의 시간은 이어진다
들판은 피를 흠뻑 마시고
끈적끈적한 숨을 토해냈으니
나는 녹아내리고 범람하고 또 범람했다

이것은 이야기가 아닌 현실
그러나 이야기가 아니면 말할 수 없는 현실

얼어붙은 발목을 날갯죽지로 감싼
새 한 마리
눈이 먼 채 숲속을 배회하는

밤의 눈

밤은 고요히 펼쳐졌다
밝은 주황이 능선에 멈추었다가
녹의 시간으로 물러났다
회색의 아크릴은 밤과 바다의 경계를 덮었고
수면 아래로 잠기는 빛과 교차하며
물렁물렁해졌다 젖은 재의 몽롱한 냄새들이
포말로 부서지며 파도를 일으켰다
불규칙적으로 회전하는
밤의 세포들,
소년은 이 무질서가 물고기의 지느러미며
길이라는 것을 안다 한참 들여다보면
뭍으로 향했던 생물들의 의지가 보였다
가장 먼 곳에서 오고
마지막에 비로소 산산이 부서지는 바다:
소년은 밤의 지극한 눈으로 향했다
소년의 눈에 바다가 오고 있었다
바다가 서서히 내리고 있었다

나는 나의 부정어

　내가 나를 볼 수 없었네 내가 나를 찾을 수 없었네 햇살이 깃든 저 문을 나의 손은 열 수 없었네 나는 나의 불필요한 감정, 계절 없는 하루와 그 끝 향해 눌어붙은 기억이었네 내가 누운 침대는 깊이를 알 수 없는 어둠이었네 무너지는 마음은 무너지고 말 것이지만 멀리서 나를 지켜보는 것은 오래전에 죽은 나였네 나는 나의 부정어, 나였던 것들 혹은 내가 아닌 것들, 살아 있다면 내일의 나는 또 오늘의 나를 죽여야 하네 내가 나로 스며들지 못하는 밤이었네 손끝을 잘라 심지를 만들고 불을 밝혔지만 내 속의 얼음만 타들어갔네 나는 사방이 위험한 공포, 나는 오래전에 죽은 나를 불렀네 죽은 나를 내 속에서 간신히 끄집어냈네

당신을 걷는다

 어느 날 새가 날아와 호흡을 지워버렸다 또 다른 날엔 볕이 뜨거워 혀와 말들을 모조리 태워버렸다 당신의 손을 잡기도 전에 얼음으로 뒤덮였으니 나는 또 까마득히 물러나야 했다 당신은 내가 볼 수도 말할 수도 없는 이름, 나는 나를 잃어버린 채 당신이라는 도시를 걸어야 했다 당신을 걸었다 눈과 입이 없어 당신의 웃음과 발자국이 들리지 않았지만 내게 닿는 바람과 햇빛과 언덕을 당신이라 확신하며 걸었다 나는 지나가버린 날씨, 어디에도 없는 바람 어느 날 당신을 바라보는데 새가 날아와 두 눈을 뽑아버렸다 주섬주섬 눈알을 찾아 붙이고 다 타버린 말들을 이어가며 나는 당신을 걸었다

그곳이 어디든 너무 멀리 가지 않기를

다시 돌아갈 수 있을까
아프지 않았던 시간
그때의 나와 함께 걸을 수 있을까
긴 하루가 끝나는 언덕에 앉아
배를 설계하고
바다와 밤과 안개와 달을 그릴 수 있을까
항해를 시작해서
항해가 끝나는 곳에서
어디쯤 왔는지 돌아볼 틈 없이
사라질 수 있을까
내 심장에 파고든 불을 깨끗이 지울 수 있을까
겨울나무처럼 폭설에서 찬란할 수 있을까
소년이여, 그곳이 어디든
너무 멀리 가지 않기를 멀어서
숨 가쁘지 않기를

나의 모든 천국

당신은 나의 모든
천국,
고백하는 밤에도 눈은 내리고
어김없이 당신에게 가네

눈을 밟으며
눈 속에 사무쳐 당신을 기다릴 때도
당신은 나의 모든 천국
황홀함과 설렘,
모든 것을 지워버리는
애틋한 입맞춤

눈을 밟으면
나의 모든 천국에도 주어가 생겼지
주어는 당신에게 연필을 주며
'눈보라가 당신을 흔들었습니다'
혹은
'눈보라가 얼어붙은 당신을 찾아냈습니다'

라고 쓰게 했네

당신이,
당신으로 투쟁하고 사랑하는
이런 현실은 황홀해
당신을 나의 모든 천국이라 불러도
전혀 거리낌 없지

그러나 천국은
살아서는 갈 수 없는 곳
결국 당신은
나의 모든 죽음이었네

눈을 밟으며
세상 모든 것들과 단절된
검은 눈을 밟으며

온몸을 파고드는 바람 무늬 속으로

당신의 그을린 지문 속으로
나의 천국과 죽음이 다정하게 걸어가네

헝겊 인형

저기 찢어진 벽보처럼 너덜너덜했다
아무도 그 이유를 묻지 않고 묵묵히 해변을 걸었다
녹이 가득한 모래 알갱이 발가락 사이로 빠져나가는
허망한 고립 달이 높이 뜬 밤에는
달만 높이 떠서 까마득했다
절벽을 타고 오르는 얼음 바람,
햇빛조차 닿지 않는 땅속 깊은 어둠의 박편(薄片)이
울음에 고여 있었다
해변에서 혼자 새까맣게 타던
마음의 북해, 끝내는 해저(海底)가 되어버린
너덜너덜한 헝겊 인형을 움켜쥐며

봄이 지나갔다

당신은 하얗고
높은 지붕을 물끄러미 바라봤다
당신은 입술을 오므리고
풍선에서 바람 빠지는 소리를 냈다
입술에 기름이 묻었다고 놀려도 당신은 모른 척했다
망가진 장난감은 몸과 자리를 벗어나지 못한다
당신은 상반신을 겨우 움직이며
주위에 떨어진 나사못을 줍고
벨벳으로 만든 보드라운 외투를 열었다 닫는다
당신은 항상 불에 덴 자리가 쓰리다
불이 다녀간 자리에는 검붉은 얼음이 박혀 있다
현무암처럼 온몸에 구멍이 난 당신은
지붕을 바라본다
눈이 없는데도 바라본다
그곳에 봄이 지나가고 있었다
밤과 달을 세면서 썩은 몸을 상상했다
흙탕물에 누웠는데
낡은 지붕의 구멍 사이로 희고 높은 구름이 흘렀다

당신을 살짝 밀면 자지러지는 웃음소리가 들렸다
당신은 웃으면서 버려진 인형에게 말을 걸었다
망가진 봄이 당신의 몸을 지나갔다

햇빛이 자란다

햇빛이 자란다 햇빛이 맹렬히 자라 햇빛 속에 갇힌다 햇빛이 자라고, 갑작스러운 소나기에 출렁인다 잠시 비를 피하기 위해 빌딩 속으로 들어간다 로비에서 방금 서 있던 곳을 바라본다 살이 에일 만큼 침묵이 가득하다

어디선가 물비린내가 났다

*

내 몸에 고인 물이 썩는 게 아닌지 의심스러웠다 하지만 냄새 끝에는 이파리가 서로 비벼대는 서걱거림과 볕이 머물렀던 따뜻함이 있다 가방에서 외투를 꺼내 어깨에 둘렀다

*

로비 한쪽 벽면 전체를 넝쿨이 뒤덮고 있었다 바닥에서 시작되어 3층까지 뻗었고 몇 개의 줄기는 밑줄을 긋

는 듯 사선으로 뒤엉켰다

 식물의 아주 밝은 초록에 가까이 가서 그 두툼한 주먹손을 오래 바라봤다 폭염이 끈질기게 머무른 자리에

 유화처럼 덧칠되는 염천의 소나기:
 타오르다 식어버리는 그 단순한 반복의 냄새가 여름이 물러나고 있음을 알려주는 것이다

 단지 바라보기만 했는데, 식물을 타고 오르내리는 물의 미세한 박동이 들려왔다

내가 내 옆에 누운 후

내가,
내 옆에 눕는다
늙어가는
그 얼굴을 지켜본다 잠에 빠져든
그 얼굴은 바닷물이 모조리 빠져나간 갯벌처럼 밑바닥까지 드러나 있다 물이 들고 나는 굴곡이 선명하다
그 얼굴을 자세히 보기 위해
더 가까이 간다:
그는 규칙적으로 호흡한다 허파를 부풀리면서 숨을 가두고 가볍게 압축하면서 밀어낸다
그때마다 눈을 찡그린다
안면 근육을 움직여 잠시 표정을 만들고는 내가 그 의미를 정확히 파악하기 전에 풀어버린다
내가 내 옆에 누운 후,
붉은 깃털로 장식된 마스크를 들고서 그의 얼굴과 대조하기 시작한다 활이 멀리 있는 죽음이라면[*]

---

* 파스칼 키냐르.

칼은 시간을 앞당긴 죽음이다
내가,
내 옆에 누웠을 때
이미 착색된 죽음의 냄새―칼만이 그를 구원할 수 있다 그의 죽음이 확실해질수록
그의 얼굴에 가까이 간다
잠에 빠진 얼굴은 불길하고 어둡다 식탁에 앉아 뉴스를 들으면서
메모한다 내일 나는

사라진

태어난 후
내가 움켜쥔 모든 것들이
사라졌다
아무 일 없던 일생이
아무 일 없는 채로 수평 너머로

사라졌다
한밤에 집을 나서고
도시와 마을과 호수를 지나
아직 꽃 피지 않은
상수리나무 언덕에 앉아서

철로가 놓인 평원을 주의 깊게 지켜봤다
일정한 속도로 분할되는 공간의
미세한 잔상들,
대낮에도 웅크려 있는

투명한 회색을 건져내면서

이름들과 이야기를 모조리 지웠다
포스트잇처럼 쉽게 떨어지고
삭제되는 옛날
그러나 무한으로 향하는 옛날

상수리나무 언덕에 앉아
별과 초록과 수줍은 구름을 바라봤다
물러나지 않고
그 풍경에 덧칠된 상처를 매만졌다
태어나면서 움켜쥤던 모든 것이
사라질 때까지

내게서 멀고 가파른

유월에 북해로 떠밀려 갔다
해류가 바뀌는 새벽에 등대 곶을 지났고
수많은 능선을 넘고서야
해무(海霧)가 내리누르는 항구에 도착했다
멀고 가파르고 사나웠다
새벽 출항을 마친 사람들의
허기진 욕지거리, 생선 대가리 썩는 냄새, 맥주 찌꺼기가 흥건한 오줌 웅덩이, 토사물을 게걸스레 먹어 치우는 개들, 공작의 관을 쓴 화장기 짙은 난쟁이들, 칠이 다 벗겨진 청동 상징―삼지창을 든 인어, 만취된 채 구걸하는 늙은이들
뭉개진, 이윽고 뭉개져 버릴 풍경들
방치된 숲이 그림자처럼 붙박인 항구 뒤쪽으로 갔다
열매 맺지 못한 숲은 곰삭고 황량한 가장자리는 이미 썩었거나 거미줄에 박제돼 있었다 살기 위해 오로지 살기 위해서
땅을 파내고 몸의 절반을 심었다
손가락과 발가락이 길게 자라 흙 속을 헤집었다

유월에 나는 쓰레기처럼 떠밀리며 북해로 갔다 바다와 육지로 갈라진 몸을 끌고 기억과 육체로 의식을 붙잡으며

그러나 나는 삶과 죽음을 꿰매지 못하고

단지 유월(逾月)뿐이었다

내게서 멀고 가파르고 북해의 항구로 떠밀리는

아랍 여자 외전(外傳)

　　　　　모래 눈물,
　모래 먼지,　　　　초승달처럼 휘어진 모래 누깔,
　　　　모래 시미터*
　　　　　　　다시 모래 황혼……,

　이것은 아버지가 감춘 음화(淫畫)의, 거웃처럼 웃자란 풍경 아랍 여자의 벗은 몸을 상상하는 다락은 수음하기 좋은 최적의 장소 모래 황혼, 모래 누깔, 모래 시미터…… 그때 거실에서 들려오는 목소리: 정오의 희망곡 DJ R은 음화를 열면 퀴퀴한 모래 냄새가 난다고 했지 밤꽃 냄새로 가득한 여자의 바다 냄새가 R의 목소리에서 흘러나왔다

　히잡을 쓴,
　나는 한 송이 아랍 여자
　담장 아래 피어

---

* 아랍의 전통 칼.

예언자를 기다리는, 애야 아랍 여자 눈을
쳐다보면 눈깔이 뽑혀
R은 그렇게 말하며 웃었다

                        &

아랍에는 눈먼 남자들이 많아 (신기하게도 아버지는 눈은 멀쩡했다) 물이 귀해서 사막에서는 검은 물을 먹는다고 R 이 말했어

    R: 그래서 항상 검은 물을 퍼올리지
    나: 코카 콜라?
    R: 아니 검은 물이라니까……!

아랍에서 돌아오지 않으면 다락은 내 것이 되지 매일 음화를 훔쳐보면서 신의 예언자에게 기도했다
  눈을 뜨면 아랍 여자의 벗은 몸이 새로 스크랩되어 있었지

제8병동

#1

 눈 없는 사람이 입 없는 사람을 쳐다본다 소리를 못 듣는 사람은 병실 모퉁이에 쌓인 식판을 향해 걸어간다 입만 있는 사람은 말을 멈추고 웃기 시작한다—당신 냄새가 지독해 두 귀가 멀쩡한 사람은 안테나를 돌리면서 주파수를 맞춘다 소리가 들릴 때까지 안테나는 돌아간다 복도 창문을 타고 말벌이 스멀거린다 녹물이 흘러갔던 자리에 얼룩이 패여 있다

#2

 냄새를 맡지 못하는 사람이 말벌을 보고 있다—저기, 말벌이 들어올 것 같아요 눈만 있는 사람들이 이 방에 있다면 입들이 열리고 동시에 말을 하겠지 그들은 분명 쓸쓸한 척하는 사람과 억지로 웃는 사람이겠지만 이 병동의 복도에는 산책하는 사람과 그를 쳐다보는 휠체어와 방금 누군가 누웠던 침상과 바닥만 남은 링거가 초침을 따라 빙빙빙 돌고 있다

#3

 쓸쓸하거나 웃는 사람들은 복도 구석에서 실컷 떠들다가 리모컨을 끄고 제 병실로 돌아갔다 소파를 떠나는 그들은 모두 유통기한이 지나버린 입술과 혀와 눈을 가지고 있었지만 적어도 아직 얼굴은 내려앉지 않았다 말벌이 이글거리는 소리를 들으며 웃는 사람들 중 하나가 생수통에 든 액체를 마신다 입 없는 사람이 여전히 웃으며 눈 없는 사람을 쳐다보고 있다

III

이 그림에 없는 것은

청첩

　서쪽부터 시작한 장맛비는 밤도 아니고 저녁도 아닌 곳에서 백 일을 머물고서야 사라졌다
　거대한 빙벽이 예봉(銳鋒)을 끊으면서 무너졌다 회색 구름이 태양을 가리는 시간이 많아 울음은 차가웠다
　원근이 분명해 반가운 사람이 찾아오지만 여름이 멀어서 얼음과 섞이고 지느러미가 잘려나가겠다
　검은 재를 뒤집어쓴 벌레들이 땅에서 기어 나왔을 때 산사나무는 백 년 치 이파리를 하루 만에 쏟아냈다

식물, 들

  빛이 쏟아졌다
  손바닥에 뭉쳐 있다가 녹으면서 살 속을 파고들었다
빛의 육체를 만져본 것은 그때가 처음
  한 달이 지나고 일 년이 흘러 유월이 왔다
  물기 없는 하늘이 타들어 갔다 햇살을 움켜쥐었는데
까마득히 잊고 있던 빛무리가 보풀처럼 일었다
  손바닥을 유심히 살펴보면서 협곡을 따라 헤엄치는
구름을 쫓아갔다 문을 열었고
  두 발을 내디뎠으며 빠르게 걸었다 빛의 이동은 열매
를 중심으로 줄기가 맺히고 줄기에서
  뿌리가 사방으로 펼쳐지는 방식
  식물, 들이 걸어간 길에 빛이 쏟아졌다 잠깐 머물렀으
나 이미 수십 년이 흘렀다

얼굴이 있던 자리

한 노인이 손가락질했다

당신처럼 표정이 아예 없는 사람은 처음 본다고 말했다 다른 노인들도 흘겨보면서 흉물스럽다는 듯 혀를 찼다

머리에서 얼굴을 도려낸 사람처럼 단숨에 무너져버린, 어쩌면 얼굴이었을 자리를 샅샅이 뒤졌다

내 손에 남겨진 굴곡은 여전히 깊고 단순한데 왜 내게 얼굴이 없다고 말했을까

가만 보니 아주 멀고 쓸쓸한 저녁이,

고대 양피지처럼 해독할 수 없는 문자들이 얼굴을 파고들어 뿌리 내린 것이다

그리하여 저녁과 양피지 사이에서 얼굴에 전념했는데 그 순간 축축한 눈구멍을 열고 노인들이 빠져나왔다

구체적이고 확실하게 웃으며 지나갔다

혼자서 멀리

경주에 가고 있었다 공중에서 새가 멈췄다 남쪽으로 밀려가던 구름도 새가 멈춘 곳에 닻을 내렸다 새에 깃들었던 섬세한 색(色)은 계절이 바뀌면서 조금씩 지워졌다 밤새 달과 별이 그은 선은 새가 날아간 흔적, 새와 구름 사이 차가운 빗물이 고였다 비스듬히 떠오르고 있었다

*

우두커니 앉아 저녁을 먹었다 누군가 자물쇠를 걸어 출입이 통제된 방이지만 모래알만 한 틈이 있어

달빛이 드나들고 물결처럼 바람이 번졌다 귀 기울이면 벽 너머에서 나뭇잎이 펄럭거리는 소리가 들렸다 저녁이 환해질 때까지 밥을 물렸다 달이 뜨고

달이 쏟아지고 달이,

붉게 물들었다

저녁을 밟는 달의 소란이 끊이지 않았다 돌아누운 채로 벽을 바라봤다 얼마나 많은 시간이 흘러야 저 문을 열 수 있을까

나는 비스듬히 솟구쳐

공중을 가르고 바람을 저항했다 빗속에서 구름을 뽑아냈고 빛을 갈라 어둠으로 물들였다

*

바다를 걸으며 노래를 불렀다 주어 잃은 마음은 저만치 던져두었다 아무리 걸어도 바다였다 황혼을 쫓아 날아간 새들은 아직도 돌아오지 않았다 나는 새가 되지 못한 채 떠돌며 발자국을 남겼다 걸어도 걸어도 바다였다 누구를 닮아 목소리가 없는 걸까 그림자가 없어도 슬프지 않았다 달빛이 고인 자리에 새들이 깃들던 흔적이 남았다 새들이 품었던 울음도 흥건히 고여 있었다 바다 끝에서 달빛은 혼자였다 해변을 걸으며 달을 돌아봤다

달이 어두워졌다

달이 썩어갔다 달이 희미해졌다

죽음이 다가오는 방식

— 북촌 방향 1

    어린 시절 친구들과 함께 창신동 낙산에 자리 잡은 공장에 자주 놀러갔다 치명적인 냄새 때문인데, 먼발치에서도 그 냄새는 뜨거웠다 몹시 끈적끈적했으며 눌러 붙은 자세도 절대적이었다 태양이 수직으로 낙하하는 8월에도 홀린 듯한 냄새의 과잉은 멈추지 않았다 내 몸의 피가 몽땅 증발하는, 마치 내가 내 몸에 없는 것 같은 환상에 빠져들었다 검은 에나멜이 잔뜩 묻은 청년이 집에 가라고 으름장을 놓았다 무릎이 깨지도록 도망쳤지만 다음 날에도 공장에 갔다 철망을 단단히 움켜쥐고는 웃으면서 새로 조립된 관이 나오길 기다렸다

누군가 앉아 있었다
― 북촌 방향 2

 날이 완전히 저물었다 밤은 파도를 제외한 모든 소리를 집어삼키더니 사물들을 검은색으로 덧칠했다 수취인 불명의 주소지처럼 바다는 아무것도 허락하지 않았고 거대한 등을 웅크려 더 멀리 물러났다 마지막 버스를 기다리는 정류장만 원뿔 모양의 빛을 흩뿌리면서 조용히, 규칙적으로 숨을 쉬었다 해안을 따라 걷다가 밤의 집요한 압박에 호흡이 가팔라졌다 내륙 쪽으로 몸을 돌렸는데, 갑자기 가로등이 켜지더니 검은 장막을 들어 올렸다 불에 덴 듯 화들짝 놀라는 어둠, 그리고 둥글게 휘어지는 밤의 입김―모래에 박혔던 먼지가 날아올랐다 어둠의 입자가 빛 속으로 쏟아졌다가 흩어지기를 반복했다 벤치에 누군가 앉아 있었는데 뒤를 돌아보며 어깨에 쌓인 빛을 털어냈다

이 그림에 없는 것은
— 북촌 방향 3

  우리 집에 자동차가 생긴 것은 내가 중학교에 입학한 1984년 3월 영업용 1.5톤 중고 트럭 H사가 5년 전에 제작한 중고품이었다 실업자가 된 가장이 가족을 먹여 살리기 위한 궁여지책이었다 나는 망가진 스프링 때문에 몹시 덜컹거리던 조수석에 앉아 밤새 말동무를 자처했으나 고속도로에 들어서자 어김없이 잠에 빠졌다 기사와 나는 서울에서 광양까지, 혹은 대전이나 울산이나 포항, 거제까지 달리고 짐을 부렸다 한때 기사는 록 밴드의 열혈 팬이었는데 차를 모는 동안 내내 로고조차 없는 해적판 테이프를 오디오에 꽂았다 테이프에는 당시 금지곡이었던 〈Back In The U.S.S.R.〉도 수록되어 있었다 네 명의 곱상한 영국인들이 생면부지 몽골리안 소년을 위해 신나게 노래를 불렀다

카메라 줌인
— 북촌 방향 4

 빛이 닿지 않는 잡화점 구석에는 항상 켜켜이 먼지가 쌓여 있었다 먼지는 뭉쳐 있었고 도드라졌다 일정한 궤도를 그리며 확실한 자기 통제 영역을 확보했다 먼지에는 머뭇거렸던 흔적이 역력했다 은폐하는데 이력 난듯했지만 그렇지 않다 먼지는 단지 피하기만 했을 뿐이다 (물론 그것이 머뭇거림의 살벌한 흔적이다) 살면서 가장 어려운 일은 어쩌면 머뭇거리는 일이 아닐까 머뭇거림은 어떤 사태를 주의 깊게 바라볼 때 은밀하게 나타나는 시선의 흔들림이다 현미경처럼 대상과 그 너머를 당겨와 틈새를 헤집는 것이다 또는 이렇다 머뭇거림만이 열정과 의지를 식힐 수 있다 어제부터 40℃를 육박했던 끔찍한 폭염이 누그러지고 있다 아마도 내게 '폭염'이라는 단어가 부드럽고 감칠맛 도는 한 모금의 차가 되려면, 마트에서 얼마나 오래 머뭇거려야 할까 나는 아직 에어컨이 없으므로

다락방에서 한때
— 북촌 방향 5

며칠 전부터 동요 한 소절이 귓속을 맴돌았다 한동안 지속되다가 불쑥 끊겨버렸는데 오늘은 한 마디조차 떠오르지 않았다 그런데 버스를 기다리는 사람들 틈에서 그 동요가 흘러나왔다 시월의 사이프러스처럼 높고 고요하게, 고요함이 아니면 아무것도 아니라는 듯 노래를 부르는 소년—노래에 깃든 모든 장소가 한꺼번에 떠올랐다 살이 썩고 뼈가 바스러질 때까지 귀에 박혀 있을지 모르지만 춤은 춤꾼을 홀가분하게 벗어던지기도 하지 죽음은 중지되지 않으며 다만 지연되는 것이므로 부패는 기억이 빠져나간 장소부터 시작한다

유령 사냥

 아스팔트를 덮은 안개 안개가 허락하는 건물의 희미한 영역 뿌리가 잘려 나간 식물의 잔해처럼 파르스름한 여명을 밟으며 누군가 걸어간다 그는, 완결되지 않은 자신의 걸음을 보면서 축축한 맨발에 스며드는 3월의 맹렬한 한기를 묵묵히 받아들인다

      엘리베이터에 (그와 무관한, 그를 경멸하는, 혹은 그에게 다소 호의적인) 동료들이 타고 있었다 청바지에 항공점퍼 차림이지만 그들의 목소리와 눈빛은 긴장을 감추지 못한다 그는 어느 층에 내려야 할지 몰랐다 화장기 전혀 없는 맨얼굴이 화끈거렸다

 아스팔트에서 눈을 떴을 때 그는 어디를 향하고 있던 것일까 그가 허공을 밟았을 때 새로 닦은 구두는 어느 방위를 가리

키고 있었을까 갓 볶은 커피콩 냄새는 왜
지워지지 않을까 크레바스*는 어디든 존재
하지

    헬싱키 공항에서 소설을 사고 콩코드가
착륙할 때까지 한 글자도 놓치지 않았다
활주로에는 연보라빛 안개가 자욱했고 안
개가 걷히자 조종사는 바로 바퀴를 내렸
다 칼리포니아, 온몸을 감아버린 미지근
한 습기와 갈비뼈에 걸린 불편한 가시 유
도등처럼 권태와 익명의 교차하면서 반짝
이는 여기는 내가 기억하지 못하는 장소

  그는 건물의 맨 꼭대기에 서 있고 그때
건물은 서쪽 숲을 향해 발기한다 거대한
종유석을 휘감은 바람의 예민한 혀가 마

---

* 빙하가 갈라져 생긴 좁고 깊은 틈. 한번 빠지면 구조가 어렵다.

찰하는 수많은 엔진과 근육들이 아스팔트
를 걷고 달리고 끊임없이 잘라내며 횡단
하고 있다

       직장 동료가 그를 발견한다 미소를 지
으며 다가온다 한없이 친근한 표정으로
말한다; "여긴 자네 같은 사람이 올 곳이
아니야" 두툼한 손으로 어깨를 툭툭 친다
그리고 왼손으로는 출입문을 가리킨다

그는 시차(視差)의 가장자리에 서 있다
이 건물에서 그가 있을 곳은 없으므로 칼
리포니아에 밤은 항상 늦게 온다 반복해
서 그의 어깨를 치는 동료의 단호한 미소
속에서 더 이상 갈 곳 없는

       절박함과 외로움, 참을 수 없는 허기 속
에서 유령 같은 밤이 찾아오는 것 그는 건

물을 빠져나온다 아스팔트를 걸으며 자신의 걸음은 끝내 완결될 수 없다는 불행한 예감에 사로잡힌다 그리고 옥상에 두고 온 구두와 맨발은 끊임없이 그 사실을 증명한다

약사

약국에 가서
구름을 샀다 구름을 줄 때
약사의 표정이 기울기 시작하더니
저녁과 밤의 어디쯤에서
눈을 떴다

조용히 나를 응시하던
약사에게
안녕히 계세요, 라고 말을 건넬까
고민하다가
그의 눈이 2월을 지나고 있어서
한참 머뭇거렸다

가로등 아래 서서
약봉지를 열고 구름을 꺼냈다
흰 고양이가 담장 위를 걷다가 뒤를 돌아봤다
흰 새들이 날아가고 있었다
흰 고래는,

어쩌면 저렇게 따뜻할까요

구름을 입속에 털어 넣었다
쓴 냄새가 식도를 타고 올라오더니
하루 종일 부풀었다
약사는 저녁과 밤의 어디쯤에서
눈을 뜨고 있었다

그 사이
어떤 계절이 지나갔는데 내가 부끄러워하자
약사는 이름을 부르지 못했다
대신 견디기 위해서는
충분히 물을 마셔야 한다고
말했다, 속삭이듯

하지만 견디는 것은 만신창이가 된다는 말이에요

저녁과 밤의 어디쯤에

흰 새가 돌아왔다
곁에 잠든 흰 고래는 따뜻했다
바람이 불었다
약사의 구름에서 마른 풀 냄새가 났다

수염

수염이 자랐다 (항상 그랬다) 눈이 닿지 않는 곳에서도, 냄새가 금지된 곳에서도 기분 좋게 잘 자랐다 수염을 깎지 않으면 상큼한 포르말린 냄새가 났다 냄새가 퍼지면 죽었던 식물에 새잎이 돋았고 옷장 구석에 바싹 말랐던 벌레가 살아 꿈틀거리며 날아다녔다 구겨졌던 사람들의 표정이 활짝 펴진

유월과 구월 사이사이
식물처럼 수염이

*

아무 때나 손을 내밀었다 나를 증명하기 위해 꽃을 움켜쥐었으며 그 여린 목을 부러뜨렸다 지난해 내 목덜미를 간질거렸던 수염에는 살기가 있었다 오늘 아침 면도를 하는데, 면도날과 거품 사이로 내가 모르는 손이 슬쩍 끼어드는 것이었다 깎인 수염 조각을 세면대에 버리고 매끄러운 피부를 만지다가 거울 속에 불쑥 손을 집어 넣

었다 날이 시퍼런 면도기를 내 손이 잡고 있다 피가 뚝, 뚝 떨어졌다 혀가 없다면 말할 수 있을까 혀가 없어도 말을 하지 희뿌연 창문도 폭염에 축 늘어진 앞사귀도, 플라스틱처럼 녹아버린 골목들도 축농증에 걸린듯

  거품을 걷어내고
  거울 속에 집어 넣었던 손을 뺀다

  손을 씻고
  다시 거울을 본다

  거울 속에 수많은 입이 매달린 나무가 거꾸로 자라고 있었다

사막에서 혼자

어젯밤 비가 내렸다고 사막이 말했다

그건 나도 알아

나는,

우두커니 서서 비 내리는 당신을 생각했다 모호하지도 쓸쓸하지도 않은 거리였다

마을버스를 타고 비탈을 올랐다 모래가 쌓인 골목을 돌면서 사막은 내게 비의 쓸모를 얘기했다

배고플 때는 플라스틱 나무에도 물을 줘야 한다고 내가 우겼다

사막에 새가 날아왔다 새의 도착이라고 적고서는 마을버스를 타고 사막에 갔다

사막은 고양이였거나

형태만 겨우 남은

얼룩, 비탈에 박힌 자그마한 가게, 외롭고 웃긴—

모호하지도 쓸쓸하지도 않아

새는 매일 날아왔다

밤새 당신을 지우면서 사막에 혼자 남았다 당신을 지우는 새의 날갯죽지에 비가 내렸다고 사막이 또박또박

말했다
 그래서 건초 냄새야
 그건 나도 알아
 모래 비탈을 밟으며 혼자 노래 부르는 것이어서 언젠간 비가 내리고 사막도 뚜렷해질 거라 믿었다
 매일매일 새가 사막을 날아다니는 이야기를 썼다
 매일매일 달이 떠오르고
 한밤에 부서지는 사막을 썼다가 지웠다

새와 구름 사이

 돌풍이 불었다

 휘몰아치며 바람개비를 날려버렸다 새가 그랬다고 우겼다 새는 이제 오지 않는다며 소년을 나무랐다

 사람들은 동요 두어 소절 부르다가 멈추고 소곤소곤 웃었다

 돌풍이 불어오는 아침이었다 군청색 하늘에 휘몰아치면서 있는 힘껏 바람개비를 밀어 올렸다

 바람개비는 어디까지 솟구쳐야 할지 몰라 질끈 눈을 감았다

 느지막한 아침이었다

 돌풍이 불려는 듯 마당이 시끄러웠다 그곳이 바깥이었을까 생각했다 생각 속에서 한참을 기다렸다

 빈 아지랑이가 일렁이면서 띄엄띄엄 휘발유 냄새를 흘렸다 물수제비처럼 멀리 못 가 가라앉았다

 녹슨 철문을 나오는데 돌풍이 긴 휘파람을 불었다

 새들이 구름 가득한 서쪽으로 날아갔다 느지막한 아침이었다 구름이 열리더니 흰 손이 내려와 새들을 거뒀다

새의 페루

잠든 당신을 한참 바라보는데
옛날도 그랬지만
지금도 어느 하나 빠진 얼굴이 아니라서 내심 흐뭇해하다가 왼쪽 뺨에 묻은 희미한 빛을 타고
무언가 깊고 조용하게 자라는 걸 보고 말았다
손대면 까마득히 물러났다가도
금세 자리로 돌아와 당신을 얽어매곤 했는데, 앳된 얼굴을 이토록 수척하게 만들어버렸으니
하루에도 수천 번씩 폭설이 내려 쌓이는 울음이 아니면 무엇일까
차라리 내게 오셨어야지 하는 생각이 간절했지만 내가 당신을 향했던 이유가 없듯 울음이 당신에게 간 이유도 없을 것이다
기꺼이 울음에 다가가면서도 시간이 갈수록 산산이 부서지는, 저 별들의 죽음만큼이나 쓸쓸한 마음
아침을 먹으면서 당신은
새 한 마리,
페루로 날아가는 긴 꿈을 꿨다고 말했다

IV

새의 방향

경주 · 1

 볕이 잘 드는 가지마다 목련이 피었다 희고 간결한 꽃잎에 새들이 깃들어 살았다 아직 외투를 벗지 못한 몽우리들은 두런두런 이야기를 나누며 새들을 기다렸다 등잔에 흰 불꽃이 옮겨가 타오르듯 목련이 피었다 가지 아래 떨어진 볕을 쓸면서 잔향을 오래도록 맡았다 문득 당신 몸에 살던 새들이 궁금해졌다 너무 오래 말을 닫아 희미하거나 메마른 채 어두워졌을 것이다 목련이 검게 변했다 새들이 떠나자마자 온몸에 가뭄이 들어 시커멓게 타버렸다 아직 새들이 남은 목련도 차츰 어둠에 닿고 있었다 그러나 당신은 새들을 찾지 않았다 새들이 떠날 날도 묻지 않았다

경주 · 2

빗방울 하나가 닿은 것인데 순간 수면이 파르르 떨렸다
각각의 파장은 먼 곳까지 가 소진되겠지만 굽이를 내거나 언덕을 깎는 것은 처음부터
비의 입장이다 당신은,
대나무 숲으로 흐르다가 솟구치며 오솔길로 접어들었다 바람에 기대었는데 몸이 수천 갈래로 갈라지는 기척을 느꼈다
사랑은 그렇게 온다
다른 눈은 감겨 있고 오직 한 개의 시선만이
당신에게 길을 내었다

경주 · 3

　벚꽃이 휘몰아쳤습니다 지느러미를 세운 정어리처럼 뭉쳐 다니며 크게 휘어졌습니다 공중에 박혀 반짝였습니다 꽃잎을 떼면 그 자리에 못 자국이 패었습니다 사람들이 노래를 부르며 즐겁게 벚꽃 속으로 사라졌습니다 날씨가 고르지 못해 오한이 들었습니다 당신은 북쪽으로 향한 숲의 어디쯤에서 잠시 몸을 벗어놓겠다고 말했습니다 그 어디쯤에서 비루하고 헐거운 몸을 놓고 싶어 했습니다 기침과 피가 너무도 분명해 당신은 한밤중이었습니다 한밤중이어서 벚꽃은 크고 분명했습니다 이야기를 나누다가 꽃문을 열고 주저 없이 들어갔습니다 희고 간결한 물고기들이 헤엄치고 있었습니다 당신의 겨드랑이에 지느러미가 새로 돋았습니다 흰 별과 흰 목소리와 흰 바다가 뒤엉켜 몹시도 가려웠습니다

경주 · 4

 당신을 보내고 온 날 온종일 눈이 내렸습니다
 처마에 매달린 구릿빛 풍경이 고드름 녹듯 뚝뚝 떨어졌습니다 물의 발자국이 어지러웠습니다
 발목까지 쫓아온 발자국을 떼어내며 걸어온 길을 돌아보았습니다 태반이 멀리 가지 못해 그 자리에 주저앉았습니다
 오월의 폭설은 신문을 뒤져도 깜깜했지만 하루에도 몇 시간씩 눈을 맞아야 했습니다
 처마에 매달린 구릿빛 풍경(風磬)에서
 당신의 기척을 들려 왔습니다
 당신은 발목까지 쫓아온 발자국을 떼어냈습니다 미라처럼 비좁아져서는 봄눈 속에 오래도록 앉아 있었습니다

경주 · 5

  오두막으로 바람이 들이쳤다 스웨터를 여미고 먼지가 잔뜩 묻은 머리카락을 털어냈다 올빼미 우는 언덕 너머 낯선 곳에서 소금기 가득한 사람들이 내려와 오두막에 머물렀다 소란한 사람들 틈에서 나는, 둥근 지붕과 새가 앉았던 나뭇가지와 커다란 풍뎅이와 눈썹달을 그렸다 달의 손톱에서 피가 뚝, 뚝 떨어졌다 커튼 자락이 출렁거렸다 오두막에 불을 켜고 창문을 닫았다 혼자 있어도 기어코 연필을 놓지 않았다 사방에 검붉은 꽃이 피었다

조금 더 익숙하고 조금 덜 외로운

아무 일도
일어나지 않았으니
조금 더 익숙하고 조금
덜 외로워지겠다

누군가의 기도처럼
아무 일도 일어나지 않았으니
눈이 내려 쌓이는
성탄의 축복도 맞이하겠다
봄에는 미지근한 아지랑이 사이로
꽃 피는 걸 볼 수 있겠다

정말로 아무 일도 일어나지 않아
무척 슬기롭고
운 좋은 계절이었으니
조금 더 익숙하고
조금 덜 외로워지겠다 나는

'더'와 '덜' 사이에
구름 신발과
바람 모자와
구석으로 밀려간 모서리들을
하나씩 새겨 넣었다

아무 일도 일어나지 않았으니
오랜만의 외출도 한가로워지겠다

유월의 요구

나는
흰 파도가 가른 바다처럼
가파르게 갈라졌다
기억과 육체도 쪼개져
쓰레기처럼 떠밀려 다녔다
어디로 가는 것인지

나는
알고 있었을까
일인용 식탁에 앉아
늦은 저녁을 먹는 아내도
아내를 바라보던 나도

나와 아내가 묻었던 수줍은 강아지도
파도가 갈라놓은 흰 바다를
기억하고 있었을까

죽음을 중지하라는

유월의 요구가 북해로 향할 때
이미 그곳에 있는 것이다
나는

모든 감각을 세우고

외투를 벗어버리고
흐름이 되자고 당신이 말했네
그것은 중력을 밀어내고
구름 위로 단번에 솟는 기분

그때 나는
뉴 헤이븐*으로 향하고 있었지
saddle the wind**를 들으며
황혼을 지나가는 까마귀 떼처럼

저녁 무렵
생선 파는 여인들이 장을 마치고
빵과 치즈를 계산하는데
카메라 쪽으로

---

* 미국 코네티컷주에 있는 도시. 이곳에서 데이비드 옥타비우스 힐은 초창기 사진을 찍는다. 〈뉴 헤이븐의 생선 파는 여인〉으로 명명된다.
** 루 크리스티의 노래.

조용히 걸어오는 시선 하나
끝내 고개를 들지 않고
렌즈를 밀어내는 듯 적대적이었지만

그때
뉴 헤이븐의 모든 시간이,
시간을 벗어난 시간까지도 그녀의 시선으로
빨려들었네 그것은 하나로 이어지는
흐름

황혼을 가르는 새들의 우울과
아이들의 젖내,
하루치 추수와 길고 긴 적막,
그 사이에 깃든 밤과
저녁의 모호한 대칭까지도

흐름이 된다는 것은
사물의 모든 방향을 자유롭게

풀어주는 것

생선 파는 여인들이
카메라를 피하면서도 카메라를 움켜쥐는
포괄적인 힘

호밀밭을 흔들던 바람도
바닥을 단단히 움켜쥔 뿌리도
그 자세 그대로
나를 이어주는 단단한 이야기

그러므로 물결을 벗어버리고
흐름으로 남는다는 것은
오로지 나의 의지로 나를 밀어내는 것

모든 감각을 일으켜 세우고
빠르게 질주하는
기차의 쇠바퀴 같은

불의 뼈

천년을 지켜오던 당산나무가
좁쌀만 한 꽃을 모조리 게우고 숨을 끊었다
그 순간 심지에서 빛이 일더니
옹이마다 터지면서 불을 쏟았다
안에서 일어난 불은
며칠을 타오르고
거죽 전체를 완전히 덮고서야 겨우 멈췄다
시퍼런 숯이 된 당산나무에
불의 자국이 선명했다
눈과 귀와 혀와 발목이 모조리 타면서도
벼락이 대지를 집어삼키듯
하늘로 치솟는 뼈들의 단순무결한 방향에는
한 치의 망설임도 없었다

납의 두건을 쓴

강기슭에 땅거미가 내렸다
지류에서 몰려든 검은 피는 강물에 용해되지 않았지만
방향이 분명해서 새는 날아왔고
소년을 향했으며 산발한 머리 위를 맴돌았다

소년이 바라보지 못한 것을
새는 보았으며
소년이 알지 못한 것을 이해했다

새는
소년과 소년이 되지 못한 것들이
얽힌 시간의 한 점

새가 말했다;
지금은 죽은 자들의 시간 모든 사물이 뿌리처럼 얽혀 바다를 향할 때 비로소 나는 소년의 이름이 된다

소년은 강기슭에 앉았다

배낭에서 지도를 꺼냈을 때 새가 날아왔다
막다른 골목에 갇혀 절박했지만
기어코 소년을 향했다

납의 두건을 쓴 백(白)의 성호
새는,

머무르다

1

 울음을 삼키면서 해변에 나갔습니다
 발바닥에 모래가 서걱서걱했습니다 새가 보이지 않아 멀리 가지 못했습니다 멀리 갈 수 없으니 해변에 오래 머물렀습니다
 머물렀던 겨울과 유월, 파도는 높고 별은 차가웠습니다 높고 차가운 것은 금방 메마르고 희미해졌습니다
 우체국에서 엽서를 사고 그림을 그렸습니다 헐벗은 자작나무 숲에 내려앉은 새와 별과 휘파람이었습니다
 구름이 머금은 눈과
 뚜렷한 아침과
 흰 줄무늬가 새겨진 바다는 조금씩 눈을 떴습니다

2

 새가 보이지 않아 폭설이 내렸습니다

폭설이 내려 늦은 봄과 구월이 서둘러 물러났습니다
기다릴 수 없어 하루 종일 걸었습니다
  걸으면서 보이지 않는 것들을 그렸습니다
  보이지 않는 것들은 당신 곁에 머물러 있었습니다 보이지 않는 것들은 기다리고 보채고 소곤거리다가 잠을 잤습니다
  차가운 심장과 손이 머무르며 새를 지켰습니다

슬픔조차 너무 먼

 표지석도 없는 무덤가에 앉아 있었습니다 묵은눈이 녹아 가풀막을 흘러내렸습니다 봄볕 몇 송이가 자박자박 고인 물을 뒤척였습니다 젖은 운동화에서 한 계절 묵은 바람이 새어나왔습니다 어디선가 소리를 잃은 울음이 들려왔습니다 발자국에 껍데기만 남은 벌레들이 잔뜩 박혀 있었습니다 기척도 없이 모여들었고 안쪽부터 말라 있었습니다 방향을 돌려 길을 냈습니다 새로 낸 길도 낯설고 서걱서걱했습니다 매일매일 내게 오시지만 닿지 못했습니다 슬픔조차 너무 먼 하루였습니다

쓴맛

— 당신의 부재 속으로

시월에서 유월까지 눈이 내렸다
하루도 거르지 않아 하늘이 무너진 줄만 알았다 당신이 그랬거니 싶어 한달음 뛰어갔지만
당신은 보이지 않았다
당신 없는 숲과 언덕에는 정체 모를 쓴맛이 뒤엉켜 있었다
당신의 부재 속으로 눈이 내렸다
냄새와 온기를 버려두고 눈보라로 들어간 당신에게 칼바람이 미칠 듯 그어대기를 바랐다
만신창이로,
완벽한 만신창이로 골짜기에 처박혀 썩어가기를
간신히 거죽만 남은 미라가 되기를
눈이 쌓여 얼어붙은 숲과 언덕에서 쓴맛이 났다 간신히 쓴맛을 삼키며 시월에서 유월까지
당신의 눈보라를 걸었다 달이 하도 밝아
눈을 떴다 당신은 달마중하며 베란다에 앉아 있었다 곁으로 가 당신 눈을 물끄러미 쳐다봤다
흰 눈이 맹렬하게 날리고 있었다

흰

 달은 겨울 색으로 온몸을 감싸고 백사장으로 향했습니다 묵은눈을 휘몰던 바람이 내려와 마중했습니다 기다리면서 조각조각 흩어진 봄과 겨울의 틈을 이어 붙였다고 말했습니다 해변의 막다른 마을까지 볕이 내려왔습니다 당신의 어깨 위로 백(白)의 무음이 떨어졌습니다

 납과 재를 뒤섞은 캔버스에 설악초 잎이 돋았습니다 숲으로 스며들고 옮겨가면서 잎사귀에 물리치는 힘도 자랐습니다 당신은 기름과 색을 이겨 공간을 덧칠했습니다 여백이 끓어올랐습니다 눈부신 볕이 한동안 머물러 있었습니다

 어느 겨울 지리산 장터목에서 숯 파는 사람을 보았습니다 그의 두 눈은 흑백에 앉아 있다가 재의 힘으로 타오르기 시작했습니다

새의 방향

나는 죽었고
누군가 내 시체를 묻었다
오래된 정류장과
뒤틀린 잡목들
지저분하게 변색된 지방도로 이정표가
내가 본 세계의 마지막 풍경
이제 나는 죽었고
신은 나를 완벽한 고립에 던져 넣었다
그는 나를 덮은 흙더미에 또 다른 이정표를 꽂았다
덧칠된 화살표 위로
새가 날아갔다
새가 날아가고 방향이 생겼다
황혼이 다시 깊어졌다

해설

형상과 흐름
그리고 새와 당신

소종민(문학평론가)

『그 언덕의 여름, 바깥의 저녁』은, 2009년 문단에 데뷔한 박성현 시인의 세 번째 시집이다. 그의 첫 시집 『유쾌한 회전목마의 서랍』이 "거듭 읽을 때마다 낯설고 도발적이며 새로운 레이어(layer)들이 나타나는"[1] 시들이라는 분석에 이어, 두 번째 시집 『내가 먼저 빙하가 되겠습니다』는 "시의 붓이 새겨 넣은 타자의 영역들이 각자의 방식으로 웅숭깊은 집"[2]을 짓고 있다는 평을 얻은 바 있다. 새로이 구축된 그의 시 세계를 살펴보기에 앞서, 먼저 두 번째 시집에 실린 '시인의 말'부터 짚어본다.

---

1) 장은석의 해설 「입체파 춘자씨」, 『유쾌한 회전목마의 서랍』(문예중앙, 2018) 191쪽.

2) 조강석의 해설 「타자의 집」, 『내가 먼저 빙하가 되겠습니다』(문학수첩, 2020) 124쪽. * 이하, '빙하'로 표기.

첫 시집을 내고 병(病)을 얻었다. 그곳에 세 들어 살면서 내 것이라 믿었던 시간들이 모조리 금 가고 붕괴되는 걸 속수무책으로 바라보았다. 간신히 붙들었지만, 내가 내게서 물러나는 꿈만 울창했다. 사소한 옛날이 튀어나와 물끄러미 나를 지켜볼 때가 많았다. 서늘하고 따뜻하며 선명한 얼굴들이, 혹은 태어나자마자 늙어버린 흉터와 바늘들이 그 웃음 뒤에 있었다. 나는 물러나다 말고 멈춰야 했다.[3]

이번 시집에 실린 시편들을 읽고 짐작하건대, 아직은 시인의 병세가 호전되지 않은 듯하다. 그렇다면, 현재 시인은 7년째 투병 중인 셈이다. "내 것이라 믿었던 시간들이 모조리 금 가고 붕괴되는 걸 속수무책으로" 바라볼 수밖에 없었다는 시인의 말이 병을 안고 살아가는 그의 고투를 외면할 수 없게 한다. 시집 『그 언덕의 여름, 바깥의 저녁』은 여전히 병마와 싸우고 있는 시인이 금가고 무너지는 시간에서 발견한 새로운 시간의 기억일 테니까 말이다.

이어짐과 새로움

몇 년 전, 시인은 허허로운 마음으로 서울 시내를 산책

---

[3] 「시인의 말」, '빙하' 5쪽.

하며 이런 시를 쓴 적이 있다. "잠시 병을 내려놓고 걸어 다녔네… 정동에서 늦은 점심을 먹고/ 해 기우는 서촌에서 부스럼 같은 구름을 보았네… 나는 바닥 말고는 기댈 곳 없었네… 내 몸으로 기우는 저녁이 쓸쓸했네/ 쓸쓸해서 오래 머물렀네"[4]. 이번 시집에서도 이런 쓸쓸함이 배어 있다.

> 마르고
> 볕 좋은 날을 기다려
> 저수지로 향했다
> 비 오는 날이 많아
> 잡초만 앙상하니 길쭉했다
> 야트막한 밭담에 듬성듬성 뚫린 구멍
> 빈 곳마다 눌어붙은 바람의 무리
> 먼 길이 아닌데 자꾸 몸살이 왔다
> 양지바른 곳에 앉아 쉬었다
> 쉬면서,
> 겨울에 집에 두고 온 사진 몇 장을 생각했다
> 북쪽에서 박하 향의 은근한
> 빛이 자박거렸다

---

4) 「저녁에 머물다」, '빙하' 15쪽.

저녁 쓰르라미가 잠깐 울다 갔다

— 「저수지」 전문

 이전의 직정(直情)의 마음은 걷혔는데, 쓸쓸함은 더욱 짙어졌다. 산책하다가 본 밭담의 구멍에서 바람의 무리를 더듬고, "북쪽에서 박하 향의 은근한 빛이 자박거"리는 소리를, 잠깐 울다 간 저녁 쓰르라미 소리를 듣는다. 더욱 세밀해진 마음이 무심코 지나칠 수도 있었을 자잘한 풍경들에 가닿는다. 시 안의 인물조차 이 풍경의 일부가 되고 사물이 된다. 사물들의 자잘한 부딪힘으로 일어나는 공명(共鳴)은 각자의 위치를 부여하고 대기의 건조한 미온(微溫)을 느끼게 한다. 미미하고 짧은 순간이나마 생(生)의 특별한 공간을 이룬다. 이것이 이 시의 진경(眞境)이다.

 시인의 두 번째 시집에 "꽃이 진 자리에서 쓴맛이 났다"로 시작되는 「쓴맛」이라는 시가 있다. 쓴맛이 있어 "당신"이 미워졌고, 엽서에 담기는 "비틀거리는 글자에도 쓴맛이 박혀" 있다고 했다. 당신을 미워하는 병든 마음을 뽑아내니 "당신이 쑥 뽑"혀 "차마 버릴 수 없어 며칠을 울었다"[5]고 했다. 벚나무 그늘 아래, 바람만이 무

---

5) 「쓴맛」, '빙하' 17쪽.

심할 뿐이라고 했다. 마치 그 연장선인 듯 이번 시집에서는 꽃그늘 아래에서 당신을 만나 담판 지으려 한다는 대목이 있다.

> 벚꽃이 휘몰아쳤습니다 지느러미를 세운 정어리처럼 뭉쳐 다니며 크게 휘어졌습니다 공중에 박혀 반짝였습니다 꽃잎을 떼면 그 자리에 못 자국이 패었습니다 사람들이 노래를 부르며 즐겁게 벚꽃 속으로 사라졌습니다 날씨가 고르지 못해 오한이 들었습니다 당신은 북쪽으로 향한 숲의 어디쯤에서 잠시 몸을 벗어놓겠다고 말했습니다 그 어디쯤에서 비루하고 헐거운 몸을 놓고 싶어 했습니다 기침과 피가 너무도 분명해 당신은 한밤중이었습니다 한밤중이어서 벚꽃은 크고 분명했습니다 이야기를 나누다가 꽃문을 열고 주저 없이 들어갔습니다 희고 간결한 물고기들이 헤엄치고 있었습니다 당신의 겨드랑이에 지느러미가 새로 돋았습니다 흰 별과 흰 목소리와 흰 바다가 뒤엉켜 몹시도 가려웠습니다
>
> ―「경주·3」 전문

전에는 요동치는 '나'의 마음, 즉 당신을 미워하는 마음만이 가득했는데, 이제 막상 만나서 이야기하다보니 당신이 심상치 않아 보인다. "당신은 북쪽으로 향한 숲의 어디쯤에서 잠시 몸을 벗어 놓겠다"고 한다. 그 "비루

하고 헐거운 몸을 놓고 싶어" 한다. "기침과 피"도 분명해서 '나'는 무언가 해야만 해서, "꽃문을 열고 주저 없이" 들어간다. 물고기가 떠다니는 이 별난 하얀 공간에서 "당신"이 예전의 당신이 아닌, 전혀 다른 존재로 변하고 있다. "당신의 겨드랑이에 지느러미가 새로 돋"는데 왜 '내'가 가려워지는 걸까. 당신이 '내' 안에, 이미 '나'와 섞여 있어 '내'가 되어가고 있기 때문이다. "당신으로 투쟁하고 사랑하는/ 이런 현실은 황홀"하여 "당신을 나의 모든 천국이라 불러도/ 전혀 거리낌"이 없다. "그러나 천국은/ 살아서는 갈 수 없는 곳"이니, "결국 당신은/ 나의 모든 죽음"(「나의 모든 천국」)이다. '당신'을 '나'로 온전히 받아들인다. 그것만이 중요할 따름이다. '당신'을 따라 순백의 바다에 뛰어드는 일, '나'의 면모를 탈각(脫殼)시켜 새로운 '나'로 일신(一新)하는 행위. 이것이 이 시의 이면(裏面)을 관통하는 주제일 것이다. 투신(投身)과 같은 것으로서, 시인은 이전과는 달리 '당신'이라는 과제에 더욱 밀착되어 있다.

이러한 '당신'이 출현(出現)하는 곳마다 '당신' 주위를 맴도는 '새'가 있다. 「새와 의지」에서, '새'는 "자신의 목숨이 얼마 남지 않았다는 것을" 깨닫는다. "날아다녔던 장소"도 "몇 겹으로" 접고 "사랑하고 이별했던 기억들", "사소한 냄새"들, "밤의 침묵"과 "거미들의 수다와 놀라운 흥얼거림"을 한 올씩 새겼다. "의지와 예의"를 바람에게 들려주고, "자신이 수집한 시간의 더미"와 "입술에 묻은 새파란 웃음"과 "바람개비"를 기억에서 지우고 있다.[6] '새'는 지금 어디를 날고 있을까. '새'는 무엇을 은유(隱喩)하는가.

① 나는 죽었고
② 누군가 내 시체를 묻었다
③ 오래된 정류장과
④ 뒤틀린 잡목들
⑤ 지저분하게 변색된 지방도로 이정표가
⑥ 내가 본 세계의 마지막 풍경
⑦ 이제 나는 죽었고
⑧ 신은 나를 완벽한 고립에 던져 넣었다
⑨ 그는 나를 덮은 흙더미에 또 다른 이정표를 꽂았다
⑩ 덧칠된 화살표 위로
⑪ 새가 날아갔다
⑫ 새가 날아가고 방향이 생겼다
⑬ 황혼이 다시 깊어졌다

— 「새의 방향」 전문

---

[6] 「새의 의지」, '빙하' 48쪽.

이 시의 ①~⑨행은 화자(話者)의 자기 진술이며, ⑩~⑬행은 그 후 상황의 진술이다. ①~②행의 진술은 모순(矛盾)이다. "나는 죽었다"란 말은 실현 불가능한 거짓 명제이기 때문이다. 하지만 시(詩)에서는 가능하다. 시에서는 모순과 정합(整合), 거짓과 참이 공존한다. 죽어서 묻히는 '나'를 '내'가 목격하는 것을 넘어, '나'는 '나'의 죽음을 고지(告知)하기까지 한다.

'나'는 죽어서 소멸(消滅)된 것이 아니라 다른 존재로 넘어간다. '나'는 '새'가 되었다. 그렇다면, ①~⑨행은 '새'의 자기 진술이다. 「새와 의지」에서 '새'는 자신이 죽어감을 알고 무수한 경험의 목록을 지운 바 있다. 「새의 방향」에서 '나'는 정류장, 잡목, 지방도로 이정표를 "내가 본 마지막 풍경"이라고 말한다. 경험과 기억의 목록은 시의 재료다. '새'는 시(詩)이고 시인(詩人)이다. '시'로서의 '새'는 바다와 어둠의 경계를 넘나든다. 무엇이든 상상할 수 있고, 어떤 존재로든 변신할 수 있다. "새는/ 소년과 소년이 되지 못한 것들이/ 얽힌 시간의 한 점"(「납의 두건을 쓴」)이다. '새'로서의 '시'는 '나'의 유한한 시간 안에서 무한히 상상하는 존재로서, '나'의 시선으로 생성된 시간, 즉 과거나 미래에 휘둘리지 않는 '현재-시간'에 존속하는 '순간-존재자', "얽힌 시간의 한 점"이다.

피규어(figure)**와 캐릭터**(character)

문학사가 에리히 아우어바흐(1892~1957)는, 단테의 『신곡』에서 지옥(地獄)과 연옥(煉獄)의 영혼들이 토로(吐露)하는, 말의 형식을 관찰하면서 이런 분석을 내놓았다.

> 그러나 그 영혼들이 하고 싶은 말을 언제나 술술 쉽게 할 수 있는 것도 아니다. 특히 지옥에서는 그런 어려움이 심하고, 연옥에서도 말하고 싶은 욕구와 그 충족 사이에는 장애물이 놓여 있다. 그 장애물은 징벌이든 속죄든 그들이 처해 있는 상황에서 생겨나는 것인데, 이 때문에 그들의 말이 터져 나올 때 소통하고자 하는 욕구는 그만큼 더 간절해진다. 끔찍하게 변형되고 고문받는 신체를 가진 이 사람들 중 일부는 영원히 움직이고 있고, 일부는 고통스러운 부동자세를 취하고 있으므로 마음속의 말을 할 만한 힘도 시간도 없다. 그들은 어렵고 힘들게 자신의 의사를 표현한다. 바로 이런 고문과 노고 때문에 그들의 말과 동작은 사람들의 마음을 끄는 힘을 갖게 된다.[7]

"끔찍하게 변형되고 고문받"아 "마음속의 말을 할 만한 힘도 시간도 없"지만 "그들의 말과 동작은 사람들의

---

7) 에리히 아우어바흐(이종인 옮김), 『세속을 노래한 시인, 단테』(연암서가, 2014) 281쪽.

마음을 끄는 힘을 갖게 된다."는 진술을 보자. 이런 것에 마음이 끌리는 사람들이 바로 시인이다. 그렇다면, 우리가 머무는 이 세계도 곧 지옥에 다름 아닐 것이다. 시인은 발견하는 자로서 스스로 낮은 곳에 머물러 고통의 언어를 체득하려 한다. 이 고통받는 영혼들은, 모습은 명징하고 관심을 쏟게 만드는데도, 흐릿하다. 어째서 그런가? 스스로 말할 수 없는 속성 때문이다.

"카메라 쪽으로" 걸어오는 "남자"(「지금과 그때의 빛」)와, "카메라 쪽으로 걸어오는 여자"(「재와 노트」)는 '카메라'라는 매개물을 제외하고는 어떠한 구체성도 지니지 못한 형상이다. 하나의 매개물을 통해 '나'의 옛날과 긴밀하게 연관될 뿐이다. 시에서 이 형상들은 몹시 흐릿하게 처리되어 있다. 박성현의 시에서 인물 형상은 단 하나의 '얼굴'로 나타나기도 한다. "베일에 가려진 그 남자의 옆얼굴은 복잡한 기계장치와 팽팽한 알코올 냄새와 움직임 없는 침대와 군데군데 무너진 침묵 사이의 우회할 수 없는 연대기가 얽혀 있다"(「그 남자의 옆얼굴」)라는 서술에서는 무대장치인 병실(病室) 외엔 그 남자의 사정을 알 수 있는 단서는 없다. 그런데도 "군데군데 무너진 침묵"의 무게감이 느껴진다.

'나' 또한 불안한 현존을 갖고 있는 형상이다. '나'를 이탈시켜 '나'의 형상을 내려다본다. "내가,/ 내 옆에 눕는다/ 늙어가는/ 그 얼굴을 지켜본다 잠에 빠져든/ 그 얼굴은 바닷물이 모조리 빠져나간 갯벌처럼 밑바닥까지 드러나 있다/ 물이 들고 나는 굴곡이 선명하다"(「내가 내 옆에 누운 후」). '나'의 하나는 누워 있고, 다른 하나는 '나'에서 빠져나와 '나'의 옆에 눕는데, 이러한 행위보다 더욱 주목되는 것은 두 개로 분열된 '나'의 형상이다. 단일 정체성(identity)의 분열은 혼란과 공포를 일으킨다. "멀리서 나를 지켜보는 것은 오래전에 죽은 나"(「나는 나의 부정어」) 역시 마찬가지다. '나'의 불안한 현존을 한층 절박하게 느끼게 하는 인물 형상들인 것이다.

> 한 노인이 손가락질했다
>
> 당신처럼 표정이 아예 없는 사람은 처음 본다고 말했다 다른 노인들도 흘겨보면서 흉물스럽다는 듯 혀를 찼다
>
> 머리에서 얼굴을 도려낸 사람처럼 단숨에 무너져버린, 어쩌면 얼굴이었을 자리를 샅샅이 뒤졌다
>
> 내 손에 남겨진 굴곡은 여전히 깊고 단순한데 왜 내게 얼굴이 없다고 말했을까
>
> 가만 보니 아주 멀고 쓸쓸한 저녁이,
>
> 고대 양피지처럼 해독할 수 없는 문자들이 얼굴을 파고들어 뿌리 내린 것이다
>
> 그리하여 저녁과 양피지 사이에서 얼굴에 전념했는데 그 순간

축축한 눈구멍을 열고 노인들이 빠져나왔다

구체적이고 확실하게 웃으며 지나갔다

—「얼굴이 있던 자리」 전문

'얼굴'은 타인의 시선이 확증하는 '나'라는 정체성의 표지(標識)이자 기호(記號, sign)다. 그런데 위의 시에서, 노인에게서 "당신처럼 표정이 아예 없는 사람은 처음 본다"라는 말을 듣게 된다. 흐릿한 피규어들에 마음이 끌리고 그들의 고통을 발견해온 시인이 어느새 자신도 흐릿한 상태에 있음을 자각하는 순간이다. 이때 시인이 느끼는 감정이 불안과 공포일까. 자신의 작업을 알아봐준 것에 대한 뿌듯함, 자신이 오랫동안 해오던 일을 한마디로 정리해준 고수에 대한 감탄 같은 것에 더 가깝지 않을까. 결국 이 만남에서 시인은 호탕함과 유쾌함을 느꼈을 것이다. 눈에서 나온 노인들이 "구체적이고 확실하게 웃으며 지나갔다"는 구절은, 이제 시인이 흐릿한 피규어를 넘어 뚜렷하게 대상들을 바라볼 수 있는 여유를 갖게 되었다는 뜻으로 읽힌다.

시 「측백나무가 있는 정면」에서는 목탄을 손에 쥔 사제(司祭)가 등장한다. 그의 "냄새가 화폭에 가득"했고, "비릿한 질감과 형태"가 오래도록 뇌리에 남았다고 '나'는 말한다. "여기는 당신의 이야기일까?"라고 묻고는 "그때 당신이 멈춘 거야"라고 자문자답하는 사제는 "여기는 더 이상 내 이야기가 아니야"라는 확언도 남긴다. "목탄을 쥔 사제"는 '내'가 믿을 만한 조정자로서, '나'의 흐릿함을 뚜렷함으로 바꿔주려고 애쓰는 존재로 여겨진다.

또 다른 시 「약사」의 '약사'는 '나'에게 가깝지 않지만 멀지도 않은 인물이다. 그에게서 "구름"을 사고, 서로 필요한 말들만 주고받는데, 몇 계절 약국에 들르면서 이젠 약간의 조언과 푸념도 건네는 '관계'가 되었다.

> 구름을 입속에 털어 넣었다
> 쓴 냄새가 식도를 타고 올라오더니
> 하루 종일 부풀었다
> 약사는 저녁과 밤의 어디쯤에서
> 눈을 뜨고 있었다
> (…)
> 저녁과 밤의 어디쯤에
> 흰 새가 돌아왔다
> 곁에 잠든 흰 고래는 따뜻했다
> 바람이 불었다
> 약사의 구름에서 마른 풀 냄새가 났다
>
> ―「약사」 3, 6연

관계를 맺는다는 건, 이제 일면(一面)이 아닌 전면(全面)의 욕구를 갖게 된다는 것이다. 그건 다시 살만한 기미(幾微)를 얻는 것이어서 시인은 예의 발레리처럼 "바람이 불었다"고 쓴 다음 "살아봐야겠다"란 말 대신에 "약사의 구름에서 마른 풀 냄새가 났다"고 수줍게 적는다. 박성현의 시 가운데, '약사'는 구체성이 가장 많이 살아 있는 인물 형상이다.

물성(物性)과 해방(解放)

 인물 형상의 사례들처럼 '공간'도 마찬가지다. 시 안의 '나'는 많은 시간을 "초록의 짙은 어둠"(「저 숲으로 나는」), "범람하는 난바다"와 "영구동토"(「새의 입장」), "젖은 재의 몽롱한 냄새들"이 가득한 밤바다(「밤의 눈」), "북해(北海)의 항구"(「내게서 멀고 가파른」)와 같이 감당할 수 없이 막연한 크기의 공간에서 지낸다. 이와 대조적으로, '북촌 방향' 연작이나 '경주' 연작에서 나오는 공간, 즉 공장, 버스정류장, 중고트럭의 옆좌석, 잡화점 구석, 다락방, 버스를 기다리는 사람들의 틈 같은 곳에선 '내'가 매우 경쾌해진다. 그곳에 이르면 '나'는 영락없이 '다른 시간'을 산다. "그런데 버스를 기다리는 사람들 틈에서 그 동요가 흘러나왔다 사이프러스처럼 높고 고요하게, 고요함이 아니면 아무것도 아니라는 듯 노래를 부르는 소년—노래에 깃든 모든 장소가 한꺼번에 떠올랐다"(「다락방에서 한때—북촌 방향 5」)고 쓴다.

잔존(殘存)하며 흩어져 있던 시각·청각·후각·촉각 이미지들이 '내' 머리와 마음 안에서 우연히 한데 어우러지게 되면 '나'는 점차 '다른 성질'로 변한다. 생기가 충만해져 시간마저 천천히 흐르는 느낌이 든다. 바람 같던 시간이 천천히 흐르는 물이 된 듯하다. 이 순간이 오면 아프던 몸도 통증을 잊을 것이다. '나'와 무관했던 시간과 공간이 '나'의 우연한 사건에 의해 물성(物性)을 갖게 되는 듯하다. 시인은 「식물, 들」에서 "빛이 쏟아졌다/ 손바닥에 뭉쳐 있다가 녹으면서 살 속으로 파고들었다/ 빛의 육체를 만져본 것은 그때가 처음"이라고 쓴다. "단지 바라보기만 했는데, 식물을 타고 오르내리는 물의 미세한 박동이 들려왔다"(「햇빛이 자란다」)고도 썼다.

박성현 시인의 시집 『그 언덕의 여름, 바깥의 저녁』은 몸의 감각에서 비롯되어 무한히 확장하는 생각들의 기록이다. 이전 시집들에선 찾아보기 어려웠던 시들이다. "외투를 벗어버리고/ 흐름이 되자고 당신이 말했네"라는 문장으로 시작되는 「모든 감각을 세우고」는 이 새로운 경향을 개념화한 시다. 흐름이 될 때, "중력을 밀어내고/ 구름 위로 단번에 솟는" 기분을 맛본다고 '나'는 말한다. "흐름이 된다는 것은/ 사물의 모든 방향을 자유롭게/ 풀어주는 것"이라고, "흐름으로 남는다는 것은/ 오로지 나의 의지로 나를 밀어내는 것"이라고 '나'는 말한다. "나의 의지로 나를 밀어내는 것"은, '나'를 '나'에게서 해방(解放)하는 것이다. 아상(我相)을 지우고 무아(無我)의 상태로 '나'를 밀어내는 것이다. 이토록 의지를 모아 시인이 '나'를 해방하려는 까닭은 단 한 가지, '당신'의 사랑을 온전히 맞이하기 위해서다. 그뿐이다.

> 빗방울 하나가 닿은 것인데 순간 수면이 파르르 떨렸다
> 각각의 파장은 먼 곳까지 가 소진되겠지만 굽이를 내거나 언덕을 깎는 것은 처음부터
> 비의 입장이다 당신은,
> 대나무 숲으로 흐르다가 솟구치며 오솔길로 접어들었다 바람에 기대었는데 몸이 수천 갈래로 갈라지는 기척을 느꼈다
> 사랑은 그렇게 온다
> 다른 눈은 감겨 있고 오직 한 개의 시선만이
> 당신에게 길을 내었다
> ―「경주·2」 전문

청색지시선 15

그 언덕의 여름, 바깥의 저녁
박성현 시집

초판 1쇄 발행 2025년 7월 31일

지은이	박성현
펴낸곳	청색종이
펴낸이	김태형
인쇄	범선문화인쇄
등록	2015년 4월 23일 제374-2015-000043호
주소	서울시 영등포구 문래동2가 14-15
	경기도 양평군 옥천면 옷새말길 53
전화	010-4327-3810
팩스	02-6280-5813
이메일	bluepaperk@gmail.com
홈페이지	bluepaperk.com

ⓒ **박성현, 2025**

ISBN 979-11-93509-17-3 03810

이 책은 저작권법에 따라 보호받는 저작물이므로 저작권자와 출판사의 허락을 받아야 복제하거나 다른 용도로 사용할 수 있습니다.

값 12,000원